Nudeln

Rezepte, Tipps und Tricks für kleine & große Maus-Fans

Glücklich mit Nudeln

Überall werden gerne Nudeln gegessen. Denn sie sind nicht nur gesund und enthalten neben einer großen Portion Kohlenhydrate viele Vitamine und Mineralstoffe. Nudeln setzen im Gehirn auch einen Stoff frei, der gute Laune macht. Und da es Nudeln in so vielen Formen und Farben gibt, und man sie – wie in diesem Buch zu sehen ist – auf tausenderlei Art zubereiten kann, dürfte eigentlich niemand mehr traurig sein, oder?

Wer hat bloß die Nudeln erfunden?

Das kann man heute leider nicht mehr genau nachvollziehen. Der Nudelteig besteht im einfachsten Fall nur aus Wasser, Salz und feinem Mehl. In fast allen Teilen der Welt kamen Menschen auf die Idee, daraus Teigplatten oder -streifen zu machen. Und so gibt es gleich mehrere Nationen, die die Erfindung der Nudeln für sich beanspruchen: die Italiener, die Araber und die Chinesen. Viele sind heute immer noch der Meinung, Marco Polo habe die Nudeln im 13. Jahrhundert bei seiner Reise in China entdeckt und von dort nach Italien gebracht. Aber zu dieser Zeit aßen die Italiener schon lange Spaghetti und Makkaroni. Diese Geschichte kann also nicht so ganz stimmen. Fest steht nur, dass sich die Nudeln in Italien zu einem Nationalgericht entwickelten und bis heute – neben der Pizza! – das bekannteste italienische Produkt sind. Auch wenn bei uns bereits jedes Kind Nudeln kennt und liebt, sind die Italiener immer noch Weltmeister im Nudelmachen- und essen.

Woraus Nudeln sind

Aus Wasser und Mehl

Was haben alle Nudeln gemeinsam? Sie sind getrocknete Teilchen aus einem einfachen Teig aus Wasser und Mehl. Dabei kann das Mehl zum Beispiel aus Weizen, Dinkel, Reis, Soja, Hirse oder Erbsen gemacht sein.

Was heißt Hartweizengrieß?

Die meisten Nudeln sind aus Hartweizengrieß. Grieß ist der Name für ein etwas gröber gemahlenes Mehl. Und Hartweizen ist eine spezielle Weizensorte. „Hart" heißt auf Lateinisch übrigens „durum". Daher heißt Hartweizen auch Durumweizen. Dieser Weizen enthält viel Klebereiweiß und eignet sich deshalb besonders gut für einen Nudelteig, der elastisch ist und auch nach dem Kochen noch in Form bleibt.

Eiernudeln

Oft wird dem Nudelteig noch Ei beigemischt, Ergebnis sind die Eiernudeln. Diese müssen mindestens $2\,^{1}/_{4}$ Eier pro 1 Kilogramm Weizengrieß enthalten. Da der Nudelteig schon durch die Eier gut zusammenhält, enthalten die Eiernudeln nicht nur Hartweizen-, sondern auch Weichweizengrieß.

Woraus bestehen Glasnudeln?

Neben den Hartweizen- und den Eiernudeln gibt es noch weitere interessante Nudelvarianten. Zum Beispiel die Glasnudeln. Diese werden trotz ihres Namens nicht aus Glas gemacht. Obwohl sie gekocht so durchsichtig sind, dass man sie kaum in der Suppe schwimmen sieht. Glasnudeln stellt man aus Erbsen-, Mungobohnen- oder Kartoffelstärke anstatt aus Weizenmehl her und daher werden sie beim Kochen einfach durchsichtig. Und wie schmecken sie? Supergut! Es lohnt sich, sie auszuprobieren!

Was sind Reisnudeln?

Sehr beliebt in Asien sind auch die Reisnudeln. Denn Reis ist das Hauptgetreide der asiatischen Welt und kann genau wie Weizen zu Mehl vermahlen werden. Aus Reismehl wird mit Wasser ein Nudelteig gemischt, aus dem man dann die Reisnudeln formt. Sie sehen übrigens genauso durchsichtig aus wie die Glasnudeln.

Vielerlei Formen und Farben

Ganz gleich, aus welchem Teig die Nudeln gemacht sind, es gibt sie in den verschiedensten Formen – und Farben. Mancher Nudelteig wird nämlich mit roter Bete, Spinat, Safran oder Tintenfischtinte bunt gefärbt. Weltmeister im Nudelmachen sind dabei die Italiener. Von den kleinen Stellette (Sternchen-Nudeln) bis zu den großen, mit Käse, Ricotta oder Fleisch gefüllten Tortelloni – jede Nudelsorte hat dazu noch einen klangvollen Namen.

Übrigens...

Nudeln machen stark! Schon im alten Griechenland schwören die Diskuswerfer, Ringer und Zehnkämpfer auf ihre Wirkung: viel Energie und – je nach Soße – wenig Fett!

So kocht man Nudeln

Ein ausreichend großer Topf!

Bei allen Nudeln ist es wichtig, dass sie beim Kochen in ganz viel Wasser schwimmen. Deshalb gibt es eine einfache Faustregel: Man rechnet pro 100 g Nudeln 1 Liter Wasser – für 500 g Nudeln also zum Beispiel 5 Liter Wasser. Wer keinen so großen Topf hat, nimmt einfach den größten Topf, der sich findet.

Mit oder ohne Deckel kochen?

Damit es nicht so lange dauert, bis das Wasser kocht, legt man dazu am besten den Deckel auf. Wenn das Wasser kocht, gibt man zuerst das Salz hinein (siehe rechts), dann die Nudeln und rührt mit einem Rührlöffel kurz um, damit keine Nudeln am Topfboden kleben bleiben. Danach schaltet man die Hitze auf mittlere Stufe zurück. Den Deckel lässt man jetzt weg oder legt ihn so auf, dass der Topf nur zu zwei Dritteln bedeckt ist. So kann der Dampf gleichmäßig abziehen.

Gartest nicht vergessen!

Meistens steht ja schon auf der Packung, wie lange man die Nudeln kochen muss. Trotzdem sollte man schon ein paar Minuten vor Ablauf dieser Zeit (auch öfter mal!) vorsichtig einige Nudeln herausfischen, hineinbeißen und testen, wie weich sie sind (siehe rechts). Ideal sind die Nudeln, wenn sie „bissfest" sind. Auf Italienisch heißt das „al dente" – „für den Zahn", damit die Zähne also noch was zum Beißen haben. Wer die Nudeln weicher mag, kann sie einfach 2 bis 3 Minuten länger kochen lassen.

Abgießen und warm halten!

Wenn die Nudeln so weich sind, wie man es wünscht, schaltet man den Herd ab, stellt ein Sieb ins Spülbecken und schüttet die Nudeln mit Wasser hinein (Vorsicht: Der Wasserdampf ist heiß!). Das Sieb gut schütteln, damit das Kochwasser ablaufen kann (siehe rechts). Zum Warmhalten schüttet man die Nudeln in den Topf zurück, gibt etwas Fett – zum Beispiel Butter oder Öl – dazu und stellt den Topf zugedeckt auf die ausgeschaltete Herdplatte.

Nudeln kochen – so wird's gemacht:

1. In das sprudelnd kochende Wasser das Salz geben.

2. Gartest: Einzelne Nudeln herausfischen und hineinbeißen.

3. Die fertigen Nudeln in ein Sieb abgießen, gut abtropfen lassen.

Bunter Nudel-Käse-Salat

Für 4 Portionen braucht man:

250 g Ruote (Wagenräder-Nudeln)

Salz • **1 kleinen Eisbergsalat**

10 Cocktailtomaten

5 EL Öl • **3 EL Zitronensaft**

Pfeffer

3 EL frisch gehackte Kräuter
(z. B. Petersilie, Dill oder Schnittlauch)

1–2 Packungen Mozzarellabällchen
(à 160 g)

1. Die Nudeln in reichlich Salzwasser kochen (siehe S. 9), sodass sie noch Biss haben. Den Gartest nach 8 Minuten machen (siehe S. 9)! Die Nudeln in ein Sieb abgießen, mit kaltem Wasser abbrausen und abtropfen lassen.

2. Vom Eisbergsalat die äußeren, welken Blätter entfernen. Kaltes Wasser in das Spülbecken einlassen. Die restlichen Salatblätter ablösen und rasch in dem Wasser waschen. Gleich wieder herausnehmen und in ein Sieb geben. Gut abtropfen lassen. Die Blätter in kleine Stücke zupfen.

3. Die Cocktailtomaten waschen, halbieren und dabei die Stielansätze herausschneiden. Das Öl und den Zitronensaft in eine Tasse geben, verrühren und mit 1 TL Salz, 1 Prise Pfeffer und den frisch gehackten Kräutern würzen.

4. Die Nudeln, den Eisbergsalat und die Tomaten in eine große Salatschüssel geben, die Soße darüber gießen und alles gut vermischen.

5. Die Mozzarellabällchen in ein Sieb abgießen und über den Salat geben, eventuell noch etwas Salz darüber streuen.

Und so kann man den Nudelsalat verändern:

- Man kann statt Eisbergsalat auch Endiviensalat verwenden.
- Man kann statt Zitronensaft auch (milden) Essig für die Soße nehmen.
- Man kann noch 2 EL Naturjoghurt in die Soße mischen.
- Man kann statt der Ruote auch andere kurze Nudeln nehmen.
- Man kann statt der frischen Kräuter auch tiefgekühlte verwenden.
- Man kann statt der kleinen Mozzarellabällchen auch große Kugeln nehmen und in Würfel schneiden.

Übrigens...

Für einen besonderen Anlass kann man **Frischkäsebällchen** selbst machen: Dazu 200 g Frischkäse und 250 g Kräuterquark vermischen. 3 EL frisch gehackte Kräuter dazugeben und unterrühren. Dann aus der Quarkmasse mit Händen kleine Bällchen formen und in gehackten Kräutern wälzen, bis man viele kleine grüne Kugeln hat.

Glasnudelsuppe

Für 4 Portionen braucht man:

1 Packung Glasnudeln (100 g)

½ Bund Korianderblätter (oder Petersilie)

3 Möhren

2–3 Würfel Gemüse- oder Geflügelbrühe • 1 EL Zitronensaft

2 EL Sojasoße

1. Die Glasnudeln in 1 Liter kaltem Wasser etwa 20 Minuten einweichen.

2. Den Koriander (oder die Petersilie) waschen, die dicken Stiele entfernen, die kleinen Stängel und die Blätter klein schneiden. Die Möhren waschen, schälen und in dünne Scheiben schneiden.

3. In einem großen Topf 2 Liter Wasser auf höchster Stufe erhitzen. Wenn das Wasser kocht, die Brühwürfel und die

Möhren hineingeben. Dann die Hitze zurückschalten und die Möhren etwa 3 Minuten in der Brühe köcheln lassen.

4. Inzwischen die Glasnudeln in ein Sieb abgießen und mit der Küchenschere klein schneiden, sodass sie etwa 2 Zentimeter lang sind. Dann in die Brühe geben. Die Nudeln etwa 3 Minuten in der Brühe bei schwacher Hitze ziehen lassen.

5. Zum Schluss den Zitronensaft und die Sojasoße in die Suppe geben und den Koriander (oder die Petersilie) darüber streuen.

Und so kann man die Glasnudelsuppe verändern:

● Man kann auch klein gehackten Schnittlauch oder Dill über die Suppe streuen.

● Man kann einige klein gezupfte Spinatblätter in die Suppe geben.

● In China schnitzen begabte Köche alle möglichen Formen aus Gemüse und Obst. Für die Glasnudelsuppe kann man die Möhren zum Beispiel als Blumen (siehe rechts) oder in Rauten oder Quadrate schneiden. Das sieht besonders dekorativ aus.

Möhrenblumen – so wird's gemacht:

1. Mit dem Messer die Möhre von oben bis unten einritzen.

2. Die Möhre rundherum mit 4 bis 5 solcher Rillen versehen.

3. Dann die Möhren quer in Blumenscheiben schneiden.

Penne mit Ratatouille

Für 4 Portionen braucht man:

1 Zwiebel • 2 Tomaten

1 gelbe oder grüne Paprikaschote

$1/2$ Aubergine • 3 EL Öl

1 Tetra Pak geschälte Tomaten (500 g)

$1/2$ Gemüsebrühwürfel oder

1 EL gekörnte Brühe

1 TL getrockneten Oregano

$1/2$ TL Paprikapulver

Salz • Pfeffer

500 g Penne

4 EL frisch geriebenen Parmesan

1. Die Zwiebel abziehen, halbieren und in feine Würfel schneiden. Die Tomaten waschen und in kleine Würfel schneiden, dabei die Stielansätze herausschneiden.

2. Die Paprikaschote halbieren, waschen, die Kerne und weißen Innenhäute entfernen. Dann in kleine Streifen schneiden. Die Aubergine waschen und in Würfel schneiden.

3. Das Öl in einem mittelgroßen Topf auf mittlerer Stufe erhitzen. Zuerst die Zwiebel-, dann die Tomatenwürfel, die Paprikastreifen und die Auberginenwürfel in den Topf geben und alles etwa 4 Minuten anbraten. Danach die geschälten Tomaten dazugeben und mit einer Gabel leicht zerdrücken.

4. In einer Tasse in $1/8$ Liter heißem Wasser den Gemüsebrühwürfel auflösen. Die Brühe zu den Tomaten geben.

5. Die Ratatouille mit Oregano, Paprikapulver, $1/2$ TL Salz und 1 Prise Pfeffer würzen. Die Ratatouille auf kleiner Stufe ohne Deckel etwa 20 Minuten köcheln lassen. Ab und zu umrühren, damit sie nicht anbrennt.

6. Währenddessen die Penne in ausreichend Salzwasser kochen (siehe S. 9). Den Gartest machen und die Penne, sobald sie „al dente" sind, in ein Sieb abgießen. Das Kochwasser gut abschütteln (siehe S. 9).

7. Die Penne auf vier Teller verteilen. Auf jede Portion Ratatouille geben und je 1 EL Parmesan darüber streuen.

● Wer eine einfache **Tomatensoße** machen will, lässt Paprika und Auberginen einfach weg und nimmt dafür noch 3 Tomaten mehr (siehe Titelfoto).

Und so kann man die Ratatouille verändern:

- Man kann noch 2 EL Sahne oder Crème fraîche dazugeben.
- Man kann noch 1 bis 2 Möhren waschen, schälen, klein schneiden und mit den Zwiebeln anbraten.
- Man kann statt $1/2$ Aubergine auch 1 Zucchini verwenden.

Übrigens...

Ratatouille ist ein Eintopf aus Frankreich, der original aus Auberginen, Zucchini, Tomaten, Paprika, Zwiebeln und Knoblauch gekocht wird. Eigentlich kommt auch Weißwein dazu, aber nicht bei diesem Rezept.

Spaghetti mit Pesto

Für 4 Portionen braucht man:

1 großes Bund Basilikum

(oder 1 Topf Basilikum)

30 g Pinienkerne

Salz • 4 EL Öl

50 g frisch geriebenen Parmesan

500 g Spaghetti

1. Das Basilikum waschen und trockenschütteln. Die Blätter von den Stielen zupfen und anschließend in kleine Stücke reißen – nicht schneiden, sonst geht etwas vom Aroma verloren.

2. Das Basilikum mit den Pinienkernen, $1/2$ TL Salz, dem Öl und dem Käse in einen hohen Rührbecher geben. Dann mit dem Mixstab zu einem grünen Brei pürieren.

3. Die Spaghetti in einem großen Topf in ausreichend Salzwasser bissfest kochen. Nach 8 Minuten den Gartest machen (siehe S. 9)!

4. Vom Kochwasser der Spaghetti 4 EL in eine Tasse abfüllen, zur Pestomasse geben und gut unterrühren – so wird das Pesto cremiger.

5. Die fertig gekochten Spaghetti in ein Sieb abgießen und das Kochwasser gut abschütteln (siehe S. 9). Die Spaghetti auf vier Teller verteilen und das Pesto darüber geben.

- Wenn es einmal schnell gehen soll, kann man einfach fertiges Pesto aus dem Glas (90 g) nehmen. Man muss nur 4 EL Nudelwasser und 2 EL Sahne dazugeben, mit den warmen Spaghetti mischen und … fertig!

Und so kann man das Pesto verändern:

- Man kann über die Spaghetti mit Pesto noch mal Parmesan streuen.

- Man kann noch 2 EL Sahne oder Crème fraîche darunter mischen.

- Man kann 100 g Schafskäse in kleine Würfel schneiden und über die Spaghetti mit Pesto streuen.

- Man kann 2 geschälte Knoblauchzehen in den Rührbecher geben und zusammen mit dem Basilikum, Salz, Öl und Käse zerkleinern.

- Man kann das Pesto statt mit Parmesan mit Pecorino zubereiten.

Makkaroni mit Hackfleisch

Für 4 Portionen braucht man:

500 g Makkaroni • Salz

1 Zwiebel

2 EL Öl

250 g Hackfleisch (halb Rind-, halb Schweinefleisch)

1 EL Mehl

1 Tetra Pak Tomatenpüree (500 g)

1 Prise Zucker

Pfeffer

1 TL getrockneten Oregano

1/2 Brühwürfel

2 EL Sahne (oder Crème fraîche)

4 EL frisch geriebenen Parmesan

1. Die Makkaroni in reichlich Salzwasser kochen (siehe S. 9). Nach etwa 8 Minuten den Gartest machen. Die Nudeln in ein Sieb abgießen, wieder in den Topf zurückgeben und auf die ausgeschaltete Herdplatte stellen (siehe S. 9).

2. Währenddessen die Zwiebel abziehen, halbieren und in feine Würfel schneiden.

3. Das Öl in einer Pfanne auf höchster Stufe erhitzen. Die Zwiebelwürfel hineingeben und bei mittlerer Stufe anbraten, bis sie glasig sind.

4. Das Hackfleisch in die Pfanne geben, mit dem Rührlöffel zerteilen und so lange anbraten, bis es grau und krümelig ist

5. Das Mehl und das Tomatenpüree zum Hackfleisch in die Pfanne geben und gut unterrühren. Mit dem Zucker, 1 Prise Pfeffer, 1/2 TL Salz und dem Oregano würzen.

6. Den Brühwürfel in 1 Tasse heißem Wasser auflösen und zum Tomaten-Hackfleisch-Gemisch geben. Die Hackfleischsoße auf niedriger Stufe offen etwa 10 Minuten köcheln lassen, dabei immer wieder umrühren. Zuletzt die Sahne in die Soße geben.

7. Die Makkaroni auf vier Teller verteilen. Auf jede Portion Hackfleischsoße geben und jeweils 1 EL Parmesan darüber streuen.

Und das kann man mit diesem Rezept noch machen:

- Man kann statt Makkaroni auch andere längliche Nudeln dazu essen.
- Man kann noch fein gehackte frische Petersilie darüber streuen.
- Man kann zu den fertig gekochten Makkaroni ein Stück Butter in den Topf geben, dann kleben sie nicht so leicht zusammen.

Übrigens...

Wie kommen eigentlich die Löcher in die Makkaroni? Dafür gibt es – wie für fast alles – eine Maschine, die den Nudelteig um Stäbe presst. Je nach Dicke der Stäbe sind die Löcher mal groß, mal klein.

Tortellini mit Brokkoli

Für 4 Portionen braucht man:

1 mittelgroßen Brokkoli • Salz

400 g Sahne (2 Becher)

50 g frisch geriebenen Parmesan

$1/2$ TL Paprikapulver

Pfeffer

100 g gekochten Schinken

(in Scheiben)

2–3 Packungen weiche, vorgekochte

Tortellini (à 250 g; aus dem Kühlregal)

1. Vom Brokkoli die Blätter entfernen. Den Brokkoli waschen und die einzelnen Röschen vom Strunk abschneiden. Unten kreuzweise einschneiden, damit sie gleichmäßiger gar werden.

2. In einem mittelgroßen Topf mit geschlossenem Deckel $1/2$ Liter Wasser auf höchster Stufe zum Kochen bringen. $1/2$ TL Salz dazugeben. Den Brokkoli in das kochende Wasser geben, einmal aufkochen lassen. Dann auf die mittlere Stufe herunterschalten und in etwa 8 Minuten weich kochen. Den Brokkoli in ein Sieb abgießen.

3. Die Sahne in einen Topf geben und auf höchster Stufe erhitzen. Wenn die Sahne kocht, den Parmesan dazugeben und darin schmelzen lassen. Die Hitze zurückschalten, mit dem Paprikapulver, $1/2$ TL Salz und 1 Prise Pfeffer würzen.

4. Den Schinken in kleine Streifen schneiden, in die Soße geben und offen etwa 5 Minuten bei mittlerer Hitze köcheln. Ab und zu umrühren.

5. In einem Topf reichlich Salzwasser für die Tortellini zum Kochen bringen. Die Tortellini aus der Packung nehmen und 2 Minuten in kochendem Wasser ziehen lassen, dann abgießen.

6. Zum Schluss den Brokkoli unter die Soße mischen. Die Tortellini auf Teller verteilen und die Brokkoli-Sahne-Soße darüber geben.

Und so kann man das Rezept verändern:

- Man kann den Brokkoli weglassen und dafür 1 geschälte, fein gehackte Zwiebel in etwas Butter anbraten und danach Sahne und Käse dazugeben.

- Man kann auch noch nicht vorgekochte Tortellini verwenden. Die lässt man dann etwa 20 Minuten kochen.

Übrigens…

So geht eine ganz **schnelle Sahnesoße**: Die Tortellini 2 Minuten im kochenden Salzwasser ziehen lassen, dann in ein Sieb abgießen und gut abtropfen lassen. 1 EL Butter in einer Pfanne erhitzen, die Tortellini in die Pfanne geben und kurz anbraten. Dann die Sahne darüber gießen und etwa 5 Minuten auf mittlerer Stufe köcheln lassen. Den geriebenen Parmesan darüber streuen und alles mit den gleichen Mengen Paprikapulver, Pfeffer und Salz würzen.

Chinanudeln mit Gemüse

Für 4 Portionen braucht man:

400 g chinesische Eiernudeln • Salz

3 Möhren • 2 kleine Zucchini

2 Frühlingszwiebeln • 3 EL Öl

150 g Sojabohnensprossen

2 EL Zitronensaft

1–2 EL Sojasoße

1 EL Sesamsamen

1. Die Eiernudeln in reichlich kochendem Salzwasser in etwa 10 Minuten kochen, in ein Sieb abgießen und das Kochwasser gut abtropfen lassen (siehe S. 9). Die Nudeln wieder zurück in den Topf geben und auf der ausgeschalteten Herdplatte warm halten.

2. Die Möhren und die Zucchini waschen, die Möhren mit dem Kartoffelschäler schälen. Möhren und Zucchini mit der Küchenreibe in feine

Streifen raspeln. Die Frühlingszwiebeln putzen, schälen und in feine Ringe schneiden.

3. 2 EL Öl in einer großen Pfanne auf mittlerer Stufe erhitzen. Die Möhrenstreifen hineingeben und unter Rühren etwa 5 Minuten anbraten. Die Zwiebelringe und die Zucchinistreifen hinzufügen und ebenfalls unter Rühren anbraten. Mit $1/2$ TL Salz würzen.

4. Die Sojabohnensprossen in ein Sieb geben, heiß abbrausen und abtropfen lassen. Dann in die Pfanne geben und alles gut umrühren. Das Gemüsegemisch mit dem Zitronensaft und der Sojasoße würzen.

5. Die Nudeln, die Sesamsamen und 1 EL Öl zum Gemüse in die Pfanne geben und alles in etwa 5 Minuten fertig braten.

6. Die Gemüse-China-Nudeln aus der Pfanne nehmen und auf vier Teller verteilen.

● Wenn man keine chinesischen Eiernudeln bekommt (gibt's im Asienladen oder im größeren Supermarkt), kann man auch andere, dünne Bandnudeln mit dem Gemüse kochen.

Übrigens...

Sojasprossen und Sojasoße sind Lebensmittel, die aus der Sojabohne gewonnen werden. Die Sojabohne stammt aus Asien und kann – wie alle Bohnen – nicht ungekocht gegessen werden. Für **Sojabohnensprossen** muss man die Bohnen ein paar Tage auf einer feuchten Unterlage liegen lassen. Dann sprießen kleine Keime heraus, die essbaren Sprossen. Die **Sojasoße** ist dagegen eine stark konzentrierte Flüssigkeit aus vergorenen Sojabohnen und Salz. Da sie salzig schmeckt, kann sie das Salz ersetzen.

Käsespätzle

Für 4 Portionen braucht man:

500 g Mehl (Type 405 oder 550)

4 Eier • Salz

etwas Öl für das Spätzlewasser

1 EL weiche Butter

200 g geriebenen Hartkäse

(z. B. Emmentaler oder Gouda)

1. Das Mehl in eine große Rührschüssel geben. Die Eier einzeln in eine Tasse aufschlagen und mit dem Rührlöffel unter das Mehl rühren.

2. Ungefähr $1/4$ Liter Wasser in die Eier-Mehl-Mischung gießen und 1 TL Salz dazugeben. Den Teig mit dem Rührlöffel kräftig durchrühren, bis er zähflüssig ist. Falls er noch etwas zu fest ist, ein wenig Wasser nachgießen.

3. Inzwischen einen großen Topf mit reichlich Wasser auf die Herdplatte stellen und auf höchster Stufe zum Kochen bringen. Einige Tropfen Öl und 2 TL Salz in das Wasser geben. Mit einem Küchenpinsel eine große Schüssel mit 1 EL weicher Butter einfetten.

4. Wenn das Wasser kocht, den Spätzlehobel mit der ersten Portion Teig füllen und den Teig rasch in das Wasser hobeln (siehe rechts).

5. Die Spätzle einmal aufkochen lassen, bis sie oben schwimmen und sich Schaum bildet (siehe rechts). Die Spätzle mit dem Schaumlöffel herausfischen und in die gebutterte Schüssel geben. 2 EL Käse über die Spätzle streuen und die Schüssel warm stellen.

6. Nun den Spätzlehobel wieder mit Teig füllen und die nächste Portion Spätzle ins kochende Wasser hobeln. Mit dem Schaumlöffel herausnehmen und auf die vorherige Käsespätzle-Lage geben.

7. So fortfahren, bis der ganze Teig verbraucht ist. Dabei abwechselnd Käse und Spätzle aufeinander schichten. Zum Schluss den restlichen Käse darüber streuen.

Spätzle kochen – so wird's gemacht:

1. Spätzlehobel füllen und den Teig ins kochende Wasser hobeln.

2. Spätzle einmal aufkochen lassen, bis sie nach oben steigen.

3. Dann mit einem Schaumlöffel die Spätzle herausfischen.

Geröstete Maultaschen

 **Für 4 Portionen braucht man:**

10–12 fertige Maultaschen

(z. B. 3 Packungen à 4 Stück;

aus dem Kühlregal)

2 Eier • ¹/₂ TL Paprikapulver

Pfeffer • Salz

2 EL Butter (oder Butterschmalz)

1. Die Maultaschen aus der Packung nehmen und in ¹/₂ Zentimeter dicke Streifen schneiden.

2. Die Eier über einer Schüssel aufschlagen, hineingleiten lassen und mit einer Gabel verquirlen. Mit dem Paprikapulver, 1 Prise Pfeffer und ¹/₂ TL Salz würzen.

3. Die Butter in einer Pfanne auf höchster Stufe erhitzen.

4. Die Maultaschenstreifen hineingeben und die Herdplatte auf mittlere Stufe zurückschalten.

5. Die Eier über die Maultaschen gießen und alles 5 Minuten anbraten. Dann mit dem Pfannenwender die Maultaschenstreifen nacheinander umdrehen und auf der anderen Seite nochmals 5 Minuten anbraten.

● Dazu passt besonders gut ein frischer grüner Salat, mit Radieschenscheiben dekoriert.

Und das kann man noch mit Maultaschen machen:

● Man kann die Eier auch weglassen und die Maultaschenstreifen nur in Butter anbraten.

● Für eine **Maultaschensuppe** kann man die ganzen Maultaschen in 2 Liter kochende Gemüse- oder Fleischbrühe geben und sie etwa 10 Minuten ziehen lassen. Besonders fein: noch Schnittlauchröllchen oder Backerbsen in die Suppe streuen.

Übrigens...

Maultaschen sind so etwas wie schwäbische Ravioli, die italienische Variante der gefüllten Nudeltaschen. Der Teig ist derselbe wie der für Ravioli oder Tortellini. Allerdings sind Maultaschen etwas größer, haben einen üppigen Inhalt (Spinat, Speck, Zwiebeln und Bratwurstfülle) und sind meistens zu Rechtecken oder Quadraten gefaltet!

Italienischer Nudelauflauf

Für 4 Portionen braucht man:

je 250 g weiße und grüne Bandnudeln

Salz • 1 Zwiebel • 2 EL Öl

1 Tetra Pak geschälte Tomaten (500 g)

Pfeffer • 2 TL getrockneten Oregano

1 TL Paprikapulver

150 g geriebenen Hartkäse

(z. B. Emmentaler oder Gouda)

2 Eier

200 g Sahne (1 Becher)

1. Die Nudeln in reichlich Salzwasser bissfest kochen (siehe S. 9). Den Gartest nach 8 Minuten machen.

2. Währenddessen die Zwiebel abziehen und in feine Würfel schneiden. 1 EL Öl in eine Pfanne geben und auf mittlerer Stufe erhitzen. Die Zwiebeln in dem Öl leicht anbraten.

3. Die Tomaten zu den Zwiebeln in die Pfanne geben und verrühren, mit 1 TL Salz, 1 Prise Pfeffer, dem Oregano und dem Paprikapulver würzen. Den Backofen auf 180 Grad (Umluft 160 Grad) vorheizen.

4. 1 EL Öl in eine Auflaufform geben und mit dem Küchenpinsel gleichmäßig in der Form verteilen.

5. Die Nudeln in ein Sieb abgießen, das Kochwasser gut abschütteln (siehe S. 9). Ein Drittel der Nudeln in die Auflaufform geben. Darüber die Hälfte der Tomatensoße streichen und ein Drittel des geriebenen Käses streuen.

6. Das zweite Drittel der Nudeln darüber verteilen und die zweite Hälfte der Tomatensoße auf die Nudeln geben. Wieder ein Drittel Käse darüber streuen. Nun die restlichen Nudeln in die Auflaufform geben.

7. Die Eier mit der Sahne und $1/2$ TL Salz in einer kleinen Schüssel verrühren. Das Eier-Sahne-Gemisch über den Nudelauflauf gießen. Den restlichen Käse darüber streuen.

8. Den Nudelauflauf in den Backofen schieben und ungefähr 1 Stunde backen, bis er knusprig braun ist.

Übrigens…

Man kann den Nudelauflauf nach der Hälfte der Backzeit mit Mozzarella belegen, das gibt eine knusprige Käsekruste. Vorsicht: Den Auflauf nur mit Topfhandschuhen aus dem Backofen nehmen!

Spinatlasagne

Für 4 Portionen braucht man:

1 Zwiebel • 2 EL Öl

1 Packung tiefgekühlten Spinat (450 g; auch Blattspinat)

Salz • Pfeffer • 2 EL Butter

3 EL Mehl • 400 ml Milch

2 Msp geriebene Muskatnuss

3 Kugeln Mozzarella

250 g vorgegarte Lasagneblätter

1. Die Zwiebel abziehen, halbieren und in feine Würfel schneiden. 1 EL Öl in einem Topf bei mittlerer Stufe erhitzen. Die Zwiebelwürfel hineingeben und anbraten, bis sie glasig sind.

2. Den Spinat aus der Packung nehmen, zu den Zwiebelwürfeln in den Topf geben und etwa 15 Minuten auftauen lassen. Mit je 1 Prise Salz und Pfeffer würzen.

3. Die Butter in einen kleinen Topf geben und auf höchster Stufe erhitzen. Das Mehl dazugeben und mit dem Schneebesen gut verrühren. Dann die Herdplatte ausschalten und die Milch dazugießen, dabei immer gut umrühren, damit keine Klümpchen entstehen. Danach diese Béchamelsoße mit 1 TL Salz, 2 Prisen Pfeffer und der Muskatnuss würzen.

4. Den Mozzarella aus der Packung nehmen und in Scheiben schneiden.

5. Den Backofen auf 180 Grad (Umluft 160 Grad) vorheizen. Eine Auflaufform mit 1 EL Öl ausstreichen und mit einer Lage Lasagneblätter auslegen.

6. Eine Schicht Spinat darauf verteilen und 4 bis 6 EL Béchamelsoße darüber geben. Danach schichtweise Lasagneblätter, Spinat und Soße in die Form geben. Zuletzt die restliche Soße darüber gießen, mit den Mozzarella-

scheiben belegen und mit etwas Salz bestreuen.

7. Die Lasagne mit Alufolie bedecken, auf der mittleren Schiene (mit Topfhandschuhen!) in den Backofen schieben und etwa 20 Minuten backen.

8. Dann (mit Topfhandschuhen!) die Alufolie entfernen. Die Lasagne noch weitere 20 Minuten goldbraun backen.

● Statt Mozzarella kann man auch 100 g geriebenen Hartkäse (Emmentaler, Gouda) über die Lasagne streuen.

Übrigens...

Die **Béchamelsoße** heißt auch weiße Soße. Sie entsteht, wenn man kalte Milch oder Sahne in ein heißes Butter-Mehl-Gemisch gießt. Ihren Namen verdankt diese Soße einem gewissen Marquis Louis de Béchamel, der unter Ludwig XIV. als Oberverwalter diente und ein großer Feinschmecker war. Die Köche des Königs haben die Soße nach ihm benannt. Aber vermutlich nicht, weil der Marquis die Soße erfand, sondern einfach, weil die Köche dem Marquis damit schmeicheln wollten.

Nudelnester mit Tomaten

Für 4 Portionen braucht man:

400 g Spaghetti (oder Bandnudeln)

Salz • 4 Tomaten

100 g gekochten Schinken (in Scheiben)

4 Eier • 4 EL Ketchup

100 g Sahne • Pfeffer

1 TL getrocknetes Basilikum

$1/2$ TL Paprikapulver

1 EL Öl (oder Butter)

1 Packung Mozzarellabällchen (160 g)

1. Die Spaghetti in reichlich kochendem Salzwasser kochen (siehe S. 9), nach 8 Minuten den Gartest machen, danach in ein Sieb abgießen. Das Kochwasser gut abschütteln und die Nudeln abtropfen lassen (siehe S. 9).

2. Die Tomaten waschen, in kleine Würfel schneiden, dabei die Stielansätze herausschneiden.

3. Den Schinken in kleine Streifen schneiden.

4. Die Eier in eine Schüssel geben und mit Ketchup und Sahne mit einer Gabel verquirlen. Dann 1 TL Salz, 1 Prise Pfeffer, das Basilikum und das Paprikapulver dazugeben.

5. Eine Auflaufform mit Öl oder Butter fetten. Die Spaghetti mit Löffel und Gabel zu kleinen Nestern drehen (siehe rechts) und nebeneinander in die Form setzen.

6. Die Tomatenwürfel und die Schinkenstreifen über den Spaghettinestern verteilen, danach das Eier-Sahne-Gemisch darüber gießen.

7. Die Mozzarellabällchen in ein Sieb abgießen. In die Mitte eines jeden Spaghettinests je 1 Mozzarellabällchen setzen.

8. Die Spaghettinester auf der mittleren Schiene im Backofen bei 180 Grad (Umluft 160 Grad) 15 bis 20 Minuten überbacken.

9. Wenn der Mozzarella zerlaufen und leicht gebräunt ist, die Auflaufform (mit Topfhandschuhen!) aus dem Ofen nehmen und die Nudelnester auf Teller verteilen.

- Dazu passt sehr gut ein frischer grüner Salat.
- Ganz schnell geht es, wenn man bereits gekochte Nudeln vom Vortag nimmt. Zuerst in etwas Butter und 2 EL Wasser erwärmen, dann auseinander ziehen und zu Nestern drehen.
- Besonders originell sehen die Nudelnester aus, wenn man bunte Spaghetti nimmt, zum Beispiel rote, grüne oder schwarze.

Übrigens...

Nudelnester zu formen ist gar nicht so schwer: Zuerst nimmt man die Spaghetti – nicht zu viele auf einmal! – mit der Gabel auf. Dann stellt man diese Gabel senkrecht auf die Löffelfläche und dreht und dreht!

Süßer Nudelschmarren

Für 2 Portionen braucht man:

40 g Sternchen-Nudeln

(oder Faden-Nudeln)

100 g Erdbeeren

3 EL Zucker • 2 Eier

100 g Mascarpone • 1 EL Butter

1. Die Nudeln in reichlich ungesalzenem (!) Wasser in 10 Minuten kochen (siehe S. 9), dann in ein Sieb abgießen. Das Kochwasser gut abschütteln und die Nudeln abtropfen lassen.

2. Die Erdbeeren kurz waschen, halbieren und die Stiele herausschneiden. Dann in eine Schüssel geben und mit 1 EL Zucker bestreuen.

3. Die Eier in eine Schüssel aufschlagen, 2 EL Zucker dazugeben und alles mit dem Schneebesen verrühren. Dann den Mascarpone unterrühren.

4. Die Nudeln zum Mascarponegemisch geben und alles gut vermengen.

5. $1/2$ EL Butter in eine Pfanne geben und auf höchster Stufe erhitzen. Die Nudelmasse hineingeben, zu einem Fladen verstreichen und 5 Minuten backen, dabei die Hitze zurückschalten.

6. Mit dem Pfannenwender die Nudelmasse umdrehen und in kleine Stücke zerteilen. Nochmals $1/2$ EL Butter dazugeben und den Nudelschmarren von allen Seiten goldbraun backen.

7. Zum Schluss den Nudelschmarren auf Teller verteilen und die Erdbeeren darauf geben.

Und so kann man den Nudelschmarren verändern:

● Man kann den Nudelschmarren auch mit Himbeeren oder Aprikosen essen.

● Will man für 4 Personen Nudelschmarren backen, einfach die Menge der Zutaten verdoppeln.

Übrigens...

Kennt ihr das? Man will Pfannkuchen backen, aber beim Umdrehen reißen sie ein und gehen kaputt. Und was macht man dann? Ganz einfach, man reißt den restlichen Pfannkuchen auch noch in viele kleine Stücke und nennt das Ganze statt Pfannkuchen „Schmarren"!

Mein Lieblingsrezept:

....

Die Zutaten:

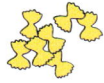 

Und so wird's gemacht:

Basteltipps

Nudelkette

Nudeln gibt es in allen erdenklichen Formen und auch in verschiedenen Farben. Ganz leicht lassen sich aus ihnen bunte oder einfarbige Ketten machen… Wer will, kann zwischen die Nudeln auch größere Holz- oder Plastikperlen auffädeln.

1. Einen Nylonfaden oder einen festen Zwirnfaden so lang abschneiden, dass er zusammengeknotet leicht über den Kopf zu streifen ist.

2. Auf den Faden verschiedene Nudeln fädeln…

3. …so viele Penne, Rigatoni, Ruote oder bunte Nudelherzen, dass links und rechts noch 3 Zentimeter Faden übrig bleiben.

4. Zum Schluss die Enden des Fadens verknoten – und fertig ist die Nudelkette.

Spaghettiraupe

Für die Spaghettiraupe nimmt man am besten eine weiße, saubere Eierschachtel, dann leuchten die Farben besser. Man kann statt einer 6er-Schachtel auch eine 10er-Schachtel nehmen. Dann ist die Raupe noch länger und sieht noch lustiger aus.

1. Den Deckel vom Karton entfernen und die Unterseite längs halbieren. Die 3er-Reihe seitlich auf eine Höhe schneiden.

2. Die 3er-Reihe umdrehen und mit Wasserfarben oder Buntstiften bemalen. Vorne ein Gesicht aufzeichnen.

3. Mit einem Zahnstocher viele Löcher in die Raupe bohren, vorne direkt über dem Gesicht zwei für die Fühler.

4. Einige ungekochte Spaghetti halbieren oder vierteln und in die Löcher stecken.

Register

B/C
Béchamelsoße	31
Brokkoli, Tortellini mit	20
Bunter Nudel-Käse-Salat	10
Chinanudeln mit Gemüse	22

E/F
Eiernudeln	6
Frischkäsebällchen	11

G/H
Gemüse, Chinanudeln mit	22
Geröstete Maultaschen	26
Glasnudeln	6
Glasnudelsuppe	12
Hackfleisch, Makkaroni mit	18
Hartweizennudeln	6

I/K/L
Italienischer Nudelauflauf	28
Käsespätzle	24
Lasagne, Spinat-	30

M
Makkaroni mit Hackfleisch	18
Maultaschen	27
Maultaschen, geröstete	26
Maultaschensuppe	27
Möhrenblumen	13

N
Nudel-Käse-Salat, bunter	10
Nudelauflauf, italienischer	28
Nudelkette	38
Nudeln kochen	8/9
Nudelnester mit Tomaten	32
Nudelschmarren, süßer	34

P/R
Penne mit Ratatouille	14
Pesto, Spaghetti mit	16
Ratatouille, Penne mit	14
Reisnudeln	6

S
Sahnesoße, schnelle	21
Salat, bunter Nudel-Käse-	10
Schnelle Sahnesoße	21
Sojabohnensprossen	23
Sojasoße	23
Spätzle kochen	25
Spaghetti mit Pesto	16
Spaghettiraupe	39
Spinatlasagne	30
Süßer Nudelschmarren	34
Suppe, Glasnudel-	12

T
Tomatensoße	14
Tortellini mit Brokkoli	20

Abkürzungsverzeichnis:

EL	= Esslöffel
TL	= Teelöffel
l	= Liter (1000 ml = 1 Liter)
g	= Gramm (1000 g = 1 Kilogramm)
Msp	= Messerspitze

© Verlag Zabert Sandmann GmbH
München
1. Auflage 2000
ISBN 3-932023-62-5

Rezepte und Texte	Julei M. Habisreutinger
Redaktion	Kathrin Gritschneder, Kathrin Ullerich
Redaktionelle Mitarbeit	Siegmund Grewenig, Jochen A. Rotthaus, Hilla Stadtbäumer
Grafische Gestaltung	Georg Feigl, Thomas Frey, Julia Wurzer
Zeichnungen	Oliver Sütterlin
Coverfoto	FoodPhotography Eising/Susie Eising
Foodfotografie	Karl Newedel (S. 9: StockFood Eising)
Herstellung	Karin Mayer, Peter Karg-Cordes
Lithografie	inteca Media Service GmbH, Rosenheim
Druck/Bindung	Officine Grafiche De Agostini, Novara

© I. Schmitt-Menzel/Friedrich Streich/WWF
Die Sendung mit der Maus® WDR
Lizenz: BAVARIA SONOR, 82031 Geiselgasteig

Besucht uns auch im Internet unter www.zsverlag.de